Dans la collection **CARNETS DE SAGESSE** :

PAROLES INDIENNES
par Michel Piquemal

PAROLES DU BOUDDHA
par Marc de Smedt

PAROLES ZEN
par Marc de Smedt

PAROLES DE LA GRÈCE ANTIQUE
par Jacques Lacarrière

PAROLES DE JÉSUS
par Jean-Yves Leloup

PAROLES DE LA ROME ANTIQUE
par Benoît Desombres

PAROLES DE SAGESSE JUIVE
par Victor Malka

PAROLES D'ISLAM
par Nacer Khémir

PAROLES DE L'ÉGYPTE ANCIENNE
par François-Xavier Héry

PAROLES DU TAO
par Marc de Smedt

PAROLES DE NATURE
par Jean-Marie Pelt

PAROLES DE SCIENCE
par Albert Jacquard

PAROLES D'AFRIQUE
par Gérard Dumestre

PAROLES CELTES
par Jean Markale

PAROLES SOUFIES
par Sylvia Lipa Lacarrière

PAROLES DES FRANCS-MAÇONS
par Jack Chaboud

PAROLES DES ROMANTIQUES
par Michel Piquemal

PAROLES DE CHAMANS
par Henri Gougaud

PAROLES DES SAGES DE L'INDE
par Marc de Smedt

PAROLES DU JAPON
par Jean-Hugues Malineau

PAROLES DE TOUAREGS
par Maguy Vautier

PAROLES DE PEINTRES
par Jean-François Domergue

PAROLES DU NOUVEAU MONDE
par Kenneth White

PAROLES DE MUSICIENS
par Françoise et Bertrand Ballarin

PAROLES DE SAGESSE CHRÉTIENNE
par Jean Vernette

PAROLES DE SAGESSE LAÏQUE
par Daniel Royo

PAROLES DE TROUBADOURS
par Jean-Claude Marol

PAROLES ABORIGÈNES
par Thomas Johnson

PAROLES AZTÈQUES
par Jean Rose et Michel Piquemal

PAROLES DU TIBET
par Marc de Smedt

PAROLES DE SAGESSE ÉTERNELLE
par Michel Piquemal et Marc de Smedt

PAROLES D'ERMITES
par Jean-Yves Leloup

PAROLES DE GITANS
par Alice Becker-Ho

PAROLES DE DANSE
par Stéphanie Roux

PAROLES KABYLES
par Samia Messaoudi et Mustapha Harzoune

PAROLES DE SAGESSE VIKING
par Willem Hartman

PAROLES D'AVANT L'ÉCRITURE
par Jean Rose

PAROLES DE DÉSERT
par Maguy Vautier

PAROLES DE MÉDITATION
par Marc de Smedt

PAROLES DE GRIOTS
par Mathilde Voinchet

PAROLES DU DALAÏ-LAMA
par Marc de Smedt

PAROLES DE CONFUCIUS
par J.-D. Javary

Collection dirigée par Marc de Smedt et Michel Piquemal
Maquette : Céline Julien
Illustration de couverture : Philippe Roux

© 2002, *Albin Michel Jeunesse 22, rue Huyghens - 75014 Paris*
Dépôt légal : 4ᵉ trimestre 2005
N° d'édition : 13518/3
ISBN : 2-226-12899-9
Imprimé en France par Pollina S.A. 85400 Luçon - n° L98039

PAROLES
DE DÉSERT

Textes choisis et présentés
par Maguy Vautier

Photographies d'Alain Sèbe

ALBIN MICHEL
CARNETS DE SAGESSE

« *Qu'est-ce que l'homme dans la nature ? demande Pascal. Un néant à l'égard de l'infini, un milieu entre rien et tout.* »

Et qu'est-ce que l'homme dans le désert ? se demande-t-on. Un point au centre d'un cercle immense qui nous entoure à l'infini, jour après jour. Un point entre Rien et Tout.

Cet infini, qu'il soit de glace, de sable ou de pierres, habite nos cinq continents. Il y a vingt et un déserts sur notre planète et ils occupent un tiers des surfaces émergées : de l'Arctique à l'Australie, du Gobi au Kalahari, le plus grand étant le Sahara (5 millions de km^2).

« Sahara, quelle éblouissante percée ouvrent ces trois syllabes arides et comme haletantes dans notre horizon de sédentaires ! Quel vertige de lumière et de silence ! » écrit Odette du Puigaudeau dans Leçon du Sahara.

Et puis entre l'air et les plateaux du Nord-Est nigérien s'étend le Ténéré (« désert » en tamacheq, *la langue des Touaregs), ce Ténéré qui ne cesse d'inspirer écrivains, poètes, cinéastes, artistes, et qui enivre touristes, pèlerins, mystiques.*

Mais qu'est-ce que le désert ? L'eau rare, l'éblouissement du ciel et du jour saturés de lumière ? La nuit magique aux myriades d'étoiles ensorceleuses qu'on croit toucher en levant la main ? Les tempêtes de sable qui apportent les ténèbres ? La confrontation de l'homme à un monde minéral sans âge ? Il y a diverses façons d'aborder le désert.

La première est physique : par le corps, par les sens.

Le regard est saisi par l'immensité et le vide, la beauté, la lumière et l'harmonie.

L'oreille entend un profond silence. Le moindre bruissement fait tressaillir, ne serait-ce qu'un souffle de vent déplaçant des grains de sable...

Vient ensuite ce qu'on pourrait appeler la cruauté du désert : inconfort, marche, chaleur, soif, blessures, fatigue.

Le voyageur peut accepter ces souffrances ou les refuser. Et les nomades qui l'accompagnent deviennent des modèles d'endurance, de patience et de sérénité qui forcent l'admiration.

Enfin, le silence de l'immensité invite à l'écoute de soi, à une confrontation intérieure. L'émotion est à son comble. C'est le tout petit face au très grand.

La contemplation devient méditation sur soi et le monde. Religiosité. Mysticisme.

Au troisième millénaire, le désert enseigne l'être, comme il l'a fait pour Abraham, Jésus, et les tribus nomades d'Orient. Il enseigne la liberté, mais aussi l'endurance, la précarité et la dure loi de la nature. De nos jours, il y a un engouement pour le désert, un engouement aussi fort que peut l'être notre rejet des cités polluées et encombrées. Le monde a besoin de se libérer des contraintes d'une société pesante et de l'étouffement du quotidien. Contre un billet d'une agence touristique, les Européens croient trouver le remède et l'oubli de leurs maux.

Mais, si le désert est pour tous, tous ne sont pas pour le désert. Certains en reviennent dépités, frustrés de n'y avoir rencontré que du vide. D'autres ont peur, pris d'une angoisse irraisonnée.

C'est tout cela le désert, et c'est aussi, pour moi, la rencontre avec Alain Sèbe, spécialiste passionné de l'image saharienne, qui parcourt le désert depuis trente ans, accompagné de son épouse Mitsu et de son fils Berny, tout aussi amoureux des dunes. Que nous disent ces photographies ? Le silence, la solitude, la grandeur, l'émotion d'un instant. Elles nous parlent surtout d'un monde hors du temps, celui des nomades, qui, depuis plus de six siècles parcourent l'immensité.

À travers ces Paroles de désert, *je vous invite à lire et ressentir les émotions que j'ai partagées avec ces auteurs, aventuriers et poètes, et à voir ou entrevoir les mystères du désert...*

Maguy Vautier

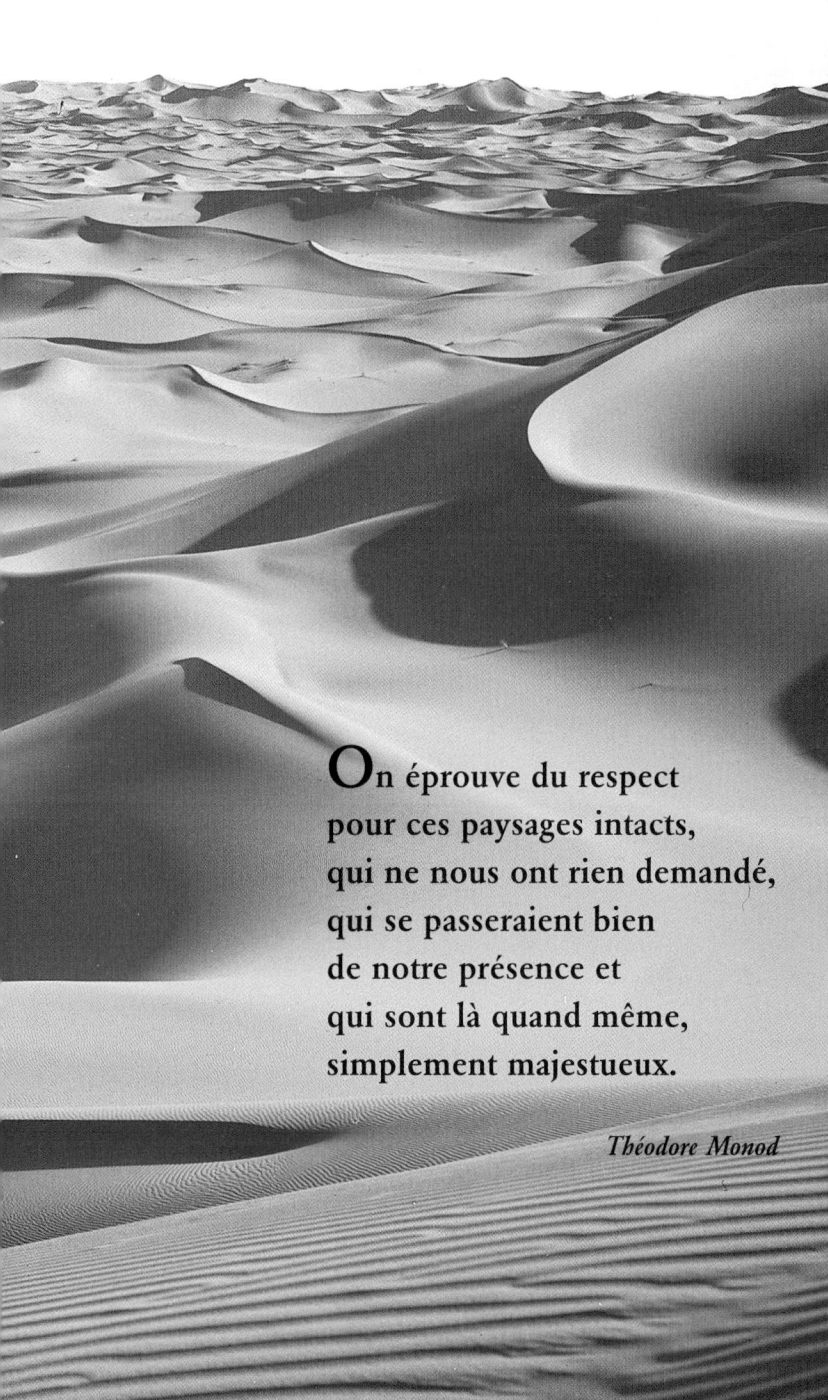

On éprouve du respect
pour ces paysages intacts,
qui ne nous ont rien demandé,
qui se passeraient bien
de notre présence et
qui sont là quand même,
simplement majestueux.

Théodore Monod

*Je me retrouvais enfin
dans le désert et le silence.*

Tout était là, tout lisse, tout était nu

et sans bruit. Je connaissais enfin

la possibilité exaltante d'être une pierre,

un grain de sable ou le filet d'un souffle d'air.

Nicolas Kurtovitch

Le silence du désert nous dépouille.

Par là, vous devenez vous-mêmes.

C'est-à-dire : rien…

mais un rien qui écoute.

Edmond Jabès

Le silence n'existe pas.

Il y a du bruit jusque dans le désert. De tous les bruits de la terre, celui du désert, si subtil et si rare, est même le plus bavard. Il aiguise l'esprit comme la pierre affûte la lame. Là, sous le regard des lointaines étoiles, pas un frôlement, pas un plissement, pas un soupir qui vienne à nous sans une histoire à raconter.

in Les Contes de la soif

J'AI TOUJOURS AIMÉ LE DÉSERT.

ON S'ASSOIT SUR UNE DUNE

DE SABLE. ON NE VOIT RIEN.

ON N'ENTEND RIEN.

ET CEPENDANT QUELQUE CHOSE

RAYONNE EN SILENCE.

Antoine de Saint-Exupéry

Nous ne sommes véritablement nous-mêmes qu'au plus aride de notre solitude.

Edmond Jabès

Devant le désert, je sens une joie extrême, très forte. Pour beaucoup de gens, le désert est un lieu vide de vie, sans intérêt, mais pour nous, c'est ce qu'il y a de plus attachant parce que nous y sommes chez nous. Toute notre vie a été façonnée par ce désert. Nous avons été tout petits à son école et nous avons appris à le connaître, auprès des puits, le long des oueds, le long des pistes.

Il n'y a rien de plus beau que ce désert et c'est pourquoi nous luttons pour lui et pour avoir le droit de vivre dans ce désert. Quand on l'a connu, quand on l'a ressenti, rien ne peut plus nous en séparer. Il attire et il garde chez lui tous ceux qui l'ont aimé et connu.

Mano Dayak

Il n'y avait au Ténéré plus aucun repère, plus aucune référence, tout devenait sans importance, tout paraissait absurde. Absurde l'idée de traverser ce désert à pied alors qu'il n'y avait quasiment rien à voir, mais absurde également de vivre autrement qu'en marchant indéfiniment vers un objectif vague et lointain.
Cette caravane dans le désert était la représentation la plus dépouillée qui soit de la vie humaine, nous ne faisions que reproduire en une sublime transposition ce que nous réalisions chaque jour : avancer vers un destin inconnu mais inéluctable, se rapprocher à chaque instant du terme de notre existence.

Isabelle Jarry

L'homme, cette étincelle entre deux gouffres, trace ici un chemin qui s'efface après son passage.

Théodore Monod

Au désert
la vision lucide
de son néant
donne à l'homme
cette force
qui le rend
capable
d'abandon.

Jean-Yves Leloup

Vivre au désert, c'est aussi être sobre, apprendre à supporter la brûlure du soleil, à porter sa soif tout un jour, à survivre sans se plaindre aux fièvres et aux dysenteries, apprendre à attendre, à manger après les autres, quand il ne reste plus sur l'os du mouton qu'un tendon et un bout de peau. Apprendre à vaincre sa peur, sa douleur, son égoïsme.
Mais c'est aussi apprendre la vie dans un des endroits les plus beaux et les plus intenses du monde, vaste comme la mer ou comme la banquise.
Un lieu où rien ne vous retient, où tout est nouveau chaque jour, comme l'aurore qui illumine les schistes, comme la chaleur qui brûle dès le matin jusqu'à la dernière seconde du jour. Un lieu où rien ne différencie la vie de la mort, parce qu'il suffit d'un écart, d'une inattention ou simplement d'un accès de folie du vent surchauffé sur les pierres pour que la terre vous abandonne, vous recouvre, vous prenne dans son néant.

Jemia et J.M.G. Le Clézio

Nul homme, après avoir connu cette vie, ne peut demeurer le même. Il portera à tout jamais gravée en lui l'empreinte du désert, dont le nomade est marqué comme au fer rouge, et au plus profond de ses désirs, celui d'y retourner, lancinant ou vague, selon son tempérament.
Car cette terre cruelle est capable d'envoûter quiconque ose s'y aventurer, bien plus profondément qu'aucune autre région clémente de notre planète.

Wilfred Thesiger

Des déserts...
que voulez-vous
qu'on vous écrive de là ?
Qu'on s'ennuie,
qu'on s'embête,
qu'on s'abrutit,
qu'on en a assez,
mais qu'on ne peut pas
en finir.

Arthur Rimbaud

Sans doute l'un des reproches qu'on pourrait faire à notre temps est-il de rendre facile l'accès à ces contrées autrefois interdites aux étrangers. Pourtant le désert reste le pays le plus difficile, le plus mystérieux, malgré les véhicules tout-terrain et les balises électroniques. C'est que son mystère ne réside pas dans sa nature visible, mais plutôt dans sa magie, dans cet absolu irréductible qui échappe à l'entendement humain. […] Lorsqu'on vient du désert (et de ce désert plus terrible encore qui est celui des villes modernes), on entre ici dans une aire de recueillement, d'énergie.

J.M.G. Le Clézio

Je ne crois pas que la fréquentation des déserts favorise la vie spirituelle. En tout cas, on a du temps. On s'ennuie énormément à chameau, on ne peut pas lire.

On peut méditer, réfléchir à beaucoup de choses, mais on pense surtout à des verres de citronnade et à des portions de camembert.

Théodore Monod

Le Sahara accroît

et développe dans la tête

du voyageur une sorte

d'ébriété permanente

qui fait de celui

qui le regarde un être

constamment à la poursuite

de lui-même.

Rachid Boudjera

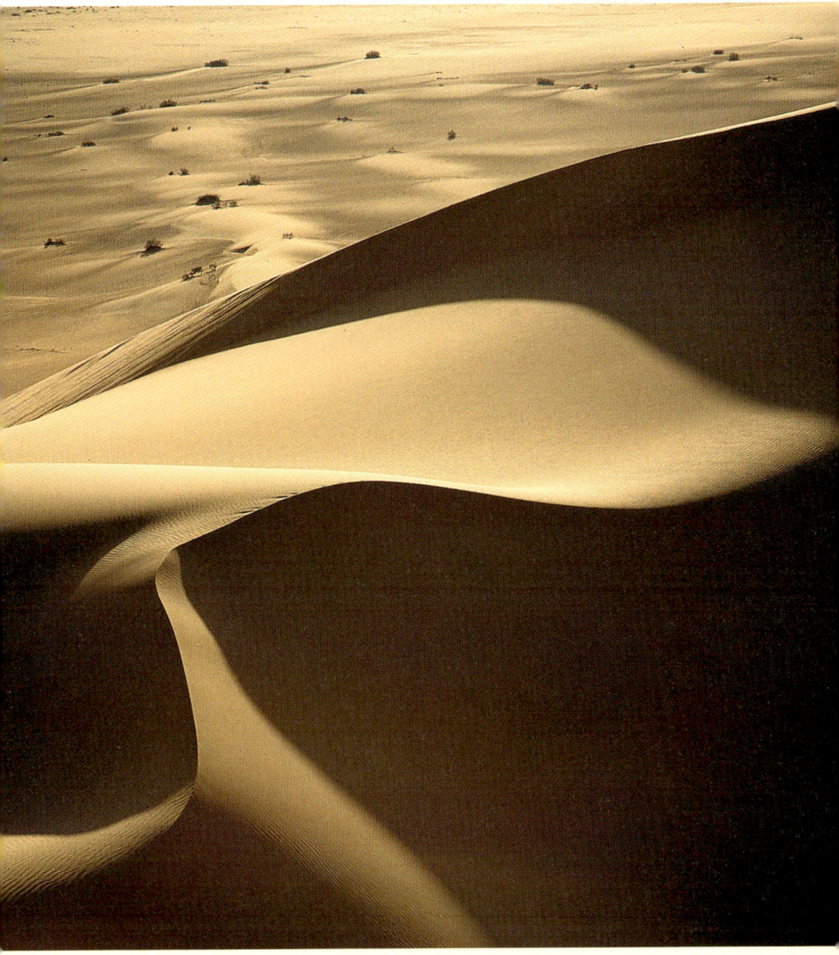

Le plus grand désert du monde
rend humbles ceux qui s'y rendent
mais il leur donne ce sentiment
rare et précieux d'être honorés.

Louis Gardel

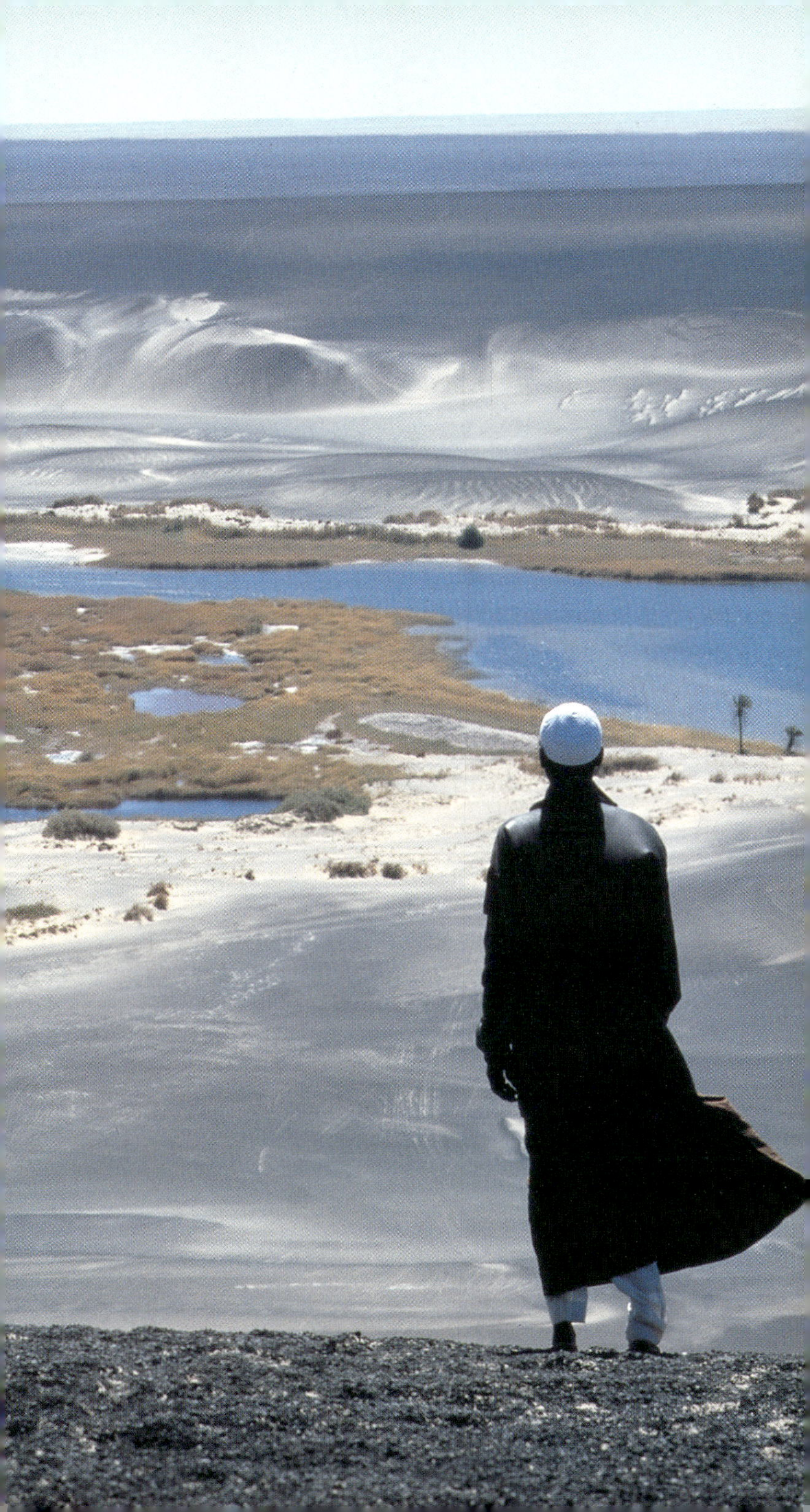

Le désert est une école d'énergie et de dépouillement, mais il y conduit par des chemins rudes qui peuvent briser les plus fragiles, et qui en ont d'ailleurs brisé plus d'un.
On se perd au Sahara, on s'y égare physiquement et psychologiquement.

Louis Gardel

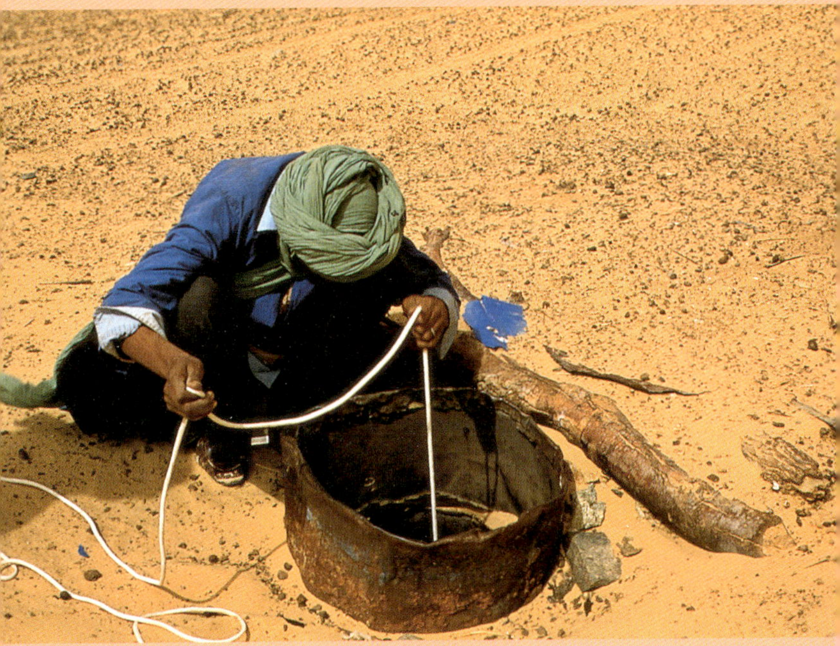

Le désert est le jardin d'Allah :

le Dieu des Justes

y a enlevé toute vie humaine

ou animale superflue, de façon

à disposer d'un lieu où il puisse

cheminer en paix.

Lounis Aït Menguellet

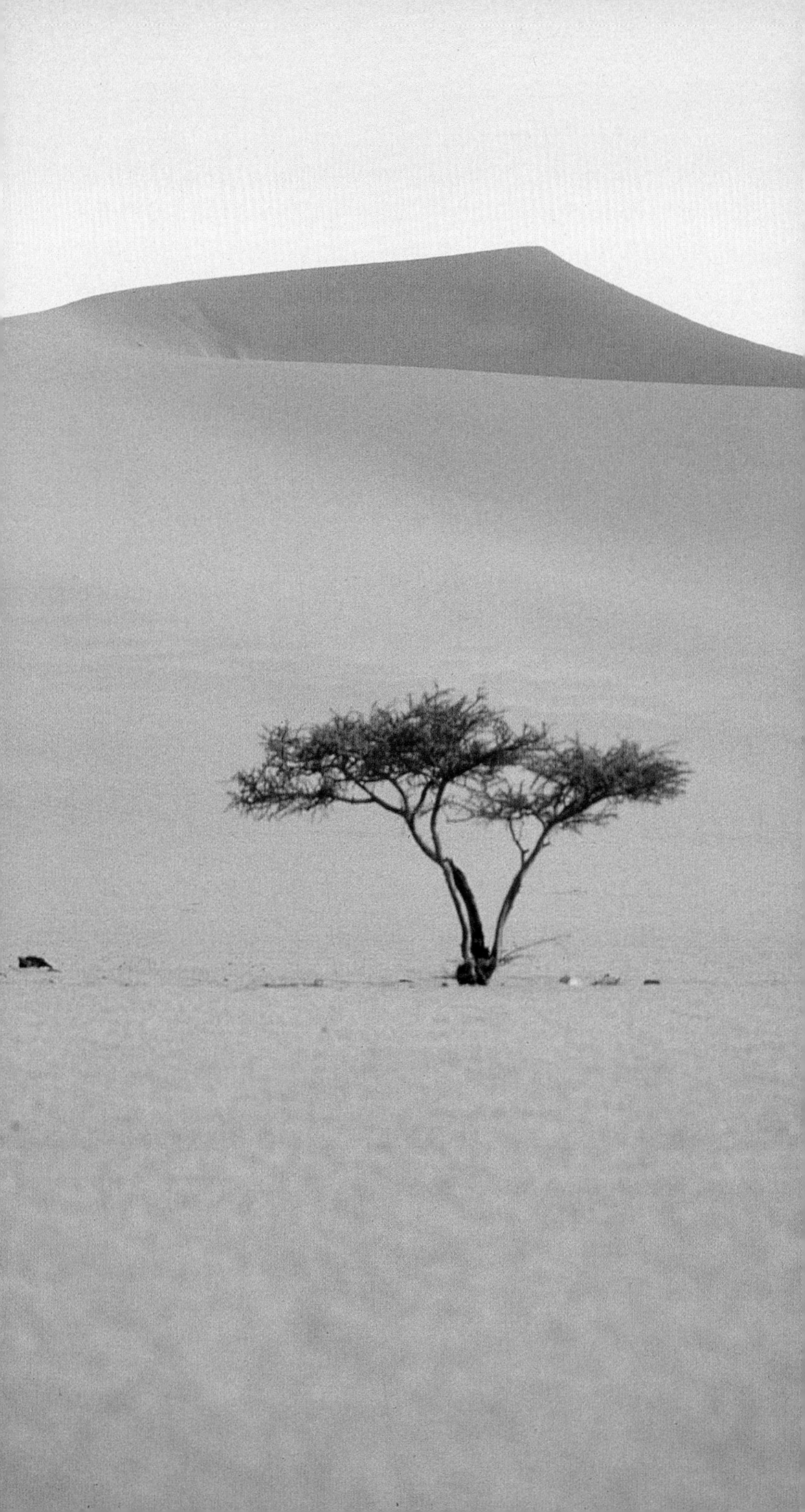

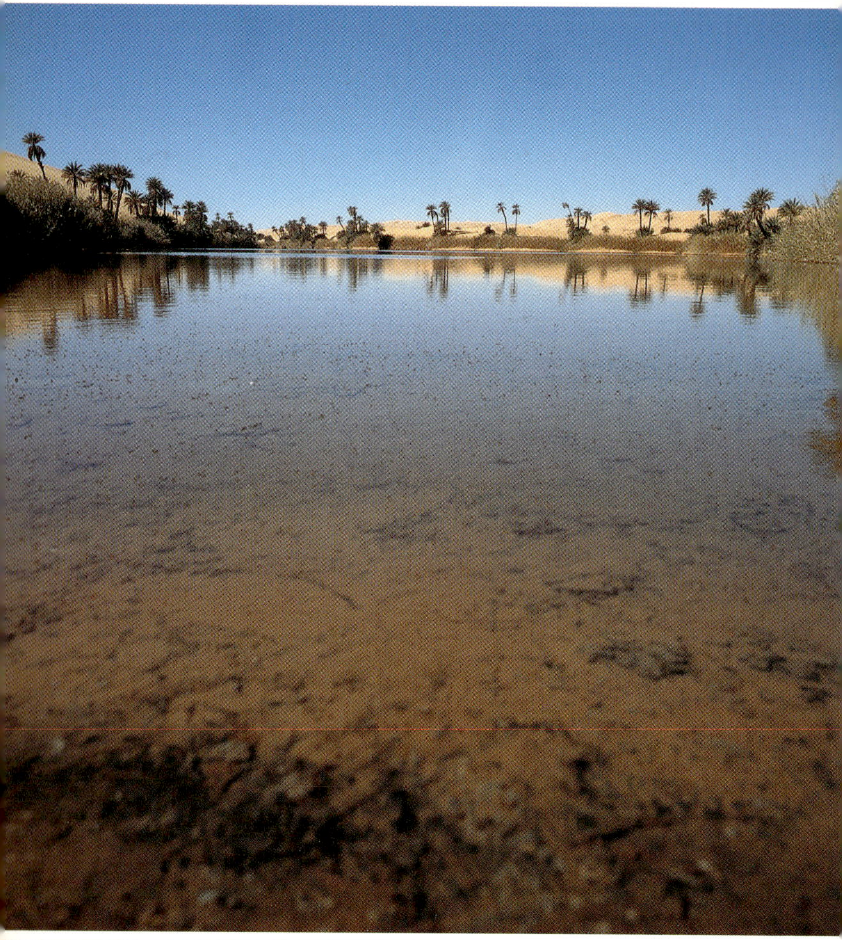

Au désert

ce qui est donné

nourrit mais

ne comble pas.

Désaltère mais

n'étanche pas.

Jean-Yves Leloup

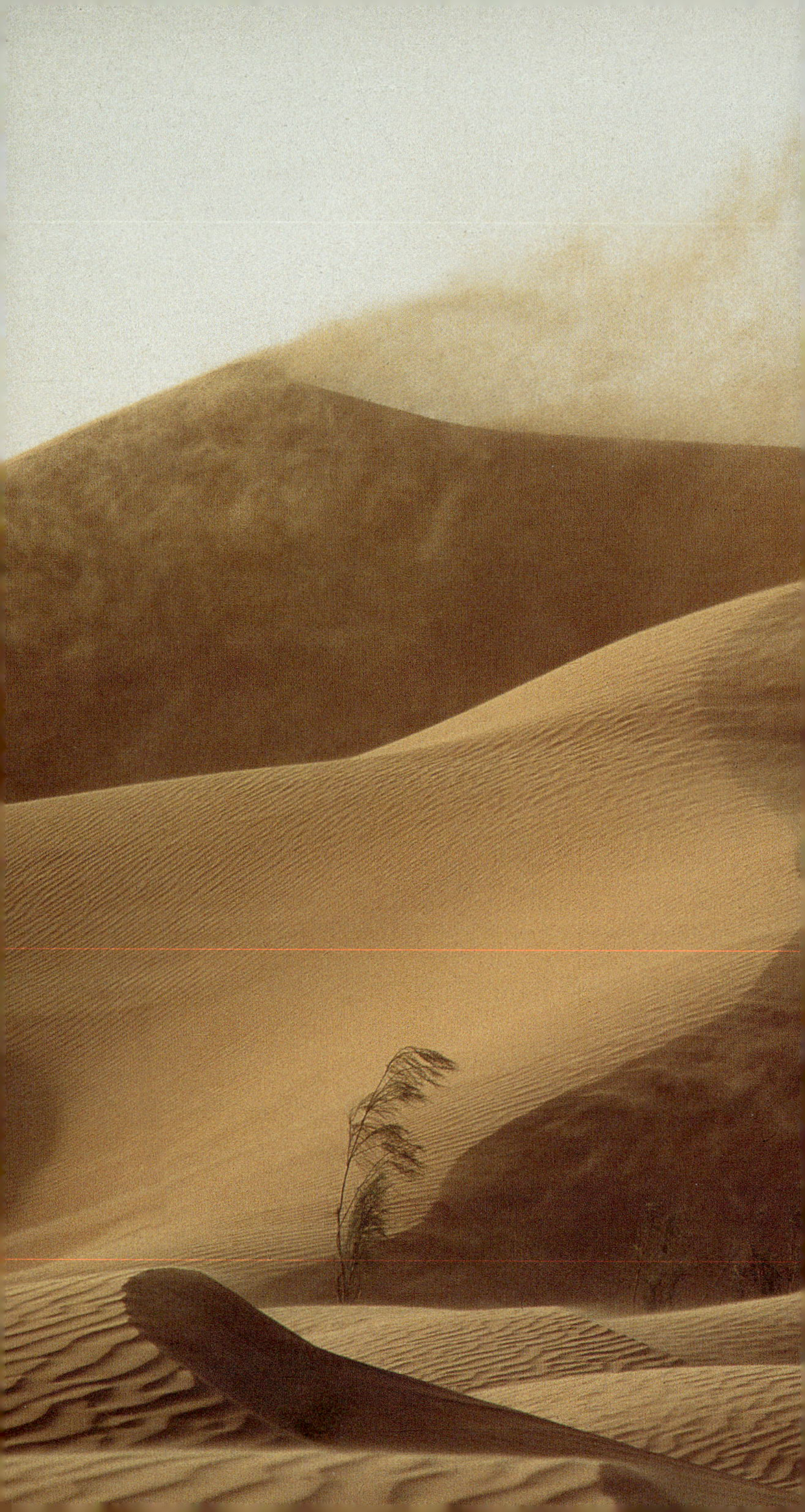

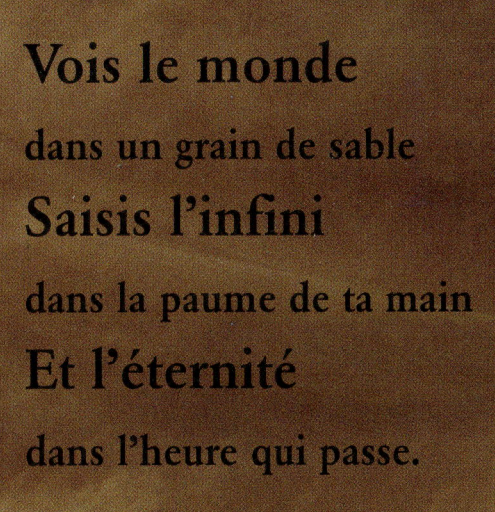

Vois le monde
dans un grain de sable
Saisis l'infini
dans la paume de ta main
Et l'éternité
dans l'heure qui passe.

William Blake

Sources iconographiques :
pages de garde : grand erg oriental, Algérie © Alain Sèbe
p. 10/11 : grand erg occidental, Algérie © Alain Sèbe
p. 13 : tassili des Ajjers : Ti-n-Merzouga, Algérie © Alain Sèbe
p. 14/15 : reg au sud de Koufra, Libye © Alain Sèbe
p. 16 : tassili du Hoggar : Tagréra, Algérie © Alain Sèbe
p. 19 : tassili des Ajjers : oued Ihane et erg Issaouane © Alain Sèbe
p. 20/21 : plateau du Gilf- Kébir, Égypte © Alain Sèbe
p. 22/23 : oued Ti-n-Tarabine, Algérie © Alain Sèbe
p. 24 : près de Timimoun, Algérie © Alain Sèbe
p. 26/27 : erg Bourharet, Algérie © Alain Sèbe
p. 28 : la préparation du thé, Algérie © Alain Sèbe
p. 9 et 31 : en direction de la gara Tin-Édi, Algérie © Alain Sèbe
p. 33 : tassili des Ajjers : au sud de Djanet, Algérie © Alain Sèbe
p. 34 : tassili du Hoggar, Algérie © Alain Sèbe
p. 37 : entre Niamey et Djanet, Algérie, 1970 © Alain Sèbe
p. 38/39 : hoggar, retour de fête, Algérie © Alain Sèbe
p. 7 et 41 : tassili des Ajjers : erg Tihodaïne, Algérie © Alain Sèbe
p. 42/43 : dans le cratère du volcan Ouaou-en-Namous, Algérie © Alain Sèbe
p. 45 : tassili du Hoggar : puits de Tan-Ti-m-Missao, Algérie © Berny Sèbe
p. 47 : tassili des Ajjers : plaine d'Admer, © Alain Sèbe
p. 48 : lac d'Oum-el-Mâ, Lybie © Berny Sèbe
p. 5 et 50/51 : coup de vent sur le grand erg occidental, Algérie © Alain Sèbe

Sources des textes :
- Adonis, *Célébrations*, éditions de la Différence (couverture).
- Théodore Monod, *L'émeraude des Garamantes*,
éditions Actes Sud, collection Thésaurus.
- Nicolas Kurtovitch, extrait de *Forêt, terre et tabac*,
éditions du Niaouli, BP 4617 Nouméa.
- Edmond Jabès, revue *Autrement n°5, "Désert"*.
- *Les contes de la soif*, éditions Albin Michel.
- Antoine de Saint-Exupéry, *Le Petit Prince*,
éditions Gallimard.
- Edmond Jabès, revue *Autrement n°5, "Désert"*.
- Mano Dayak, chef touareg de la rébellion au Niger,
propos extraits du film-vidéo, *Un touareg, prince du désert*.
- Isabelle Jarry, *Voyage au Ténéré*, éditions Plon.
- Théodore Monod, entretien avec Christophe Henning,
mai 1997.
- Jean-Yves Leloup, *Déserts*, Le Fennec éditeur,
BP 126 57951 Montigny cedex.
- Jemia et J.M.G Le Clézio, *Gens des nuages*, éditions Stock.
- Wilfred Thesiger, *Le Désert des déserts*, éditions Plon.
- Arthur Rimbaud, *Correspondances*.
- Jemia et J.M.G Le Clézio, *op. cit.*
- Théodore Monod, *La Voix du nord, 16 août 1995*.
- Rachid Boudjera, *Géo n°1588*.
- Louis Gardel, *Géo n°178*.
- Dicton arabe.
- Jean-Yves Leloup, *Déserts*, Le Fennec éditeur,
BP 126 57951 Montigny cedex.
- William Blake, *Les Chants de l'innocence*, éditions Arfuyen.